rs Éléments des Sciences usuelles
programmes officiels du 27 juillet 1882

LEÇONS DE CHOSES

OR, ARGENT, MONNAIES

Or. — Argent. — Extraction de l'Or et de l'Argent. — Argenture.
Dorure. — Fabrication des Monnaies. — Mercure,

PAR

M. Gaston BONNIER

Agrégé des Sciences physiques, Docteur ès Sciences naturelles,
Maître de Conférences à l'École Normale Supérieure,

ET

A. SEIGNETTE

Agrégé des Sciences naturelles, Professeur au Lycée Fontanes

(AVEC 20 FIGURES DANS LE TEXTE)

PARIS

SOCIÉTÉ D'IMPRIMERIE ET LIBRAIRIE ADMINISTRATIVES ET CLASSIQUES

PAUL DUPONT, Éditeur

41, RUE JEAN-JACQUES-ROUSSEAU (HÔTEL DES FERMES)

1883

OR, ARGENT, MONNAIES

Premiers Éléments des Sciences usuelles

D'après les programmes officiels du 27 juillet 1882.

LEÇONS DE CHOSES

OR, ARGENT, MONNAIES

Or. — Argent. — Extraction de l'Or et de l'Argent. — Argenture.
Dorure. — Fabrication des Monnaies. — Mercure,

PAR

M. Gaston BONNIER

Agrégé des Sciences physiques, Docteur ès Sciences naturelles,
Maître de Conférences à l'École Normale Supérieure,

ET

M. A. SEIGNETTE

Agrégé des Sciences naturelles, Professeur au Lycée Fontanes.

(AVEC 20 FIGURES DANS LE TEXTE.)

PARIS

LIBRAIRIE CLASSIQUE ET ADMINISTRATIVE

PAUL DUPONT, éditeur,

41, RUE JEAN-JACQUES-ROUSSEAU, 41

1883

LISTE DES OBJETS NÉCESSAIRES

POUR L'ENSEIGNEMENT

———

Objet en ruolz.

Linge marqué par la pierre infernale.

Feuille d'or.

Morceau d'objet doré.

Pierre de touche.

Flan.

Lame où l'on a découpé les flans.

Mercure (1).

———

Monnaies d'or, d'argent, de bronze.

Objets en or ou en argent (montre, cuiller, etc.).

———

(1) On peut se procurer ces objets à la librairie PAUL DUPONT. — Prix *franco* jusqu'à la gare la plus voisine, dans une boîte à compartiments : **3** francs.

I. — L'ARGENT.

1. Pourquoi on fait des objets en argent. — On fait souvent en argent les cuillers et les fourchettes (fig. 1). Prenons cette cuiller (1), elle est blanche, brillante; si on la frotte, on ne lui trouve pas l'odeur désagréable d'une cuiller d'étain; elle ne se rouille pas comme le fer; elle ne se ternit même pas comme le zinc, l'étain, le plomb, le cuivre; nous pouvons la laisser exposée à l'air humide, nous la verrons toujours rester blanche, et si elle n'est pas tout à fait aussi brillante; il suffit de la frotter un peu pour lui rendre son éclat.

C'est parce que l'air n'abîme pas du tout l'argent, qu'on l'emploie pour faire des montres, des cafetières, des plats, des assiettes et surtout des monnaies.

Fig. 1. — Cuiller et fourchette en argent.

Si l'on coupe un fruit avec un couteau d'acier, on sait que si l'on n'essuie pas bientôt ce couteau, il se forme sur la

(1) On peut remplacer une cuiller par tout autre objet en argent ou même par une pièce de 5 francs en argent.

---

1. — Citez quelques objets en argent.
Pourquoi est-il avantageux de faire ces objets en argent?

lame une tache noirâtre qui donne au fruit un goût de fer ; cet inconvénient ne se produit pas avec un couteau en argent ; l'argent, en effet, n'est pas altéré par le jus des fruits. C'est pourquoi on fait des couteaux à dessert en argent.

2. L'argent s'échauffe plus vite que le fer, le zinc, le cuivre, l'étain. — Mettons un bout de cette cuiller dans de l'eau bouillante, nous ne pourrons plus bientôt, sans nous brûler, toucher l'autre bout. Faisons la même expérience avec cette longue clef ou avec cette fourchette d'étain, nous trouvons que ces objets s'échauffent beaucoup moins vite : l'argent s'échauffe donc plus vite que les autres métaux. C'est pour cela que l'on fait ordinairement l'anse d'une cafetière d'argent en bois, en corne ou en ivoire (fig. 2). On ne pourrait pas la tenir par une anse en argent, lorsqu'elle est pleine de café bouillant.

Fig. 2. — On peut, sans se brûler, prendre, par son anse en bois *b*, la cafetière d'argent *a* remplie de café bouillant.

3. Les œufs, la moutarde, etc., noircissent l'argent. — Qu'arrive-t-il quand on laisse quelque temps une cuiller d'argent ou argentée contre des œufs? Il se forme sur la cuiller des taches noires qu'on a beaucoup de peine à faire disparaître ; la moutarde produit le même effet.

Il y a aussi des sources dont l'eau a une odeur d'œufs

gâtés (eaux sulfureuses) (1), dont l'eau noircit l'argent ; les fuites de gaz d'éclairage produisent également ce même effet sur les objets en argent qui peuvent se trouver dans les appartements.

Le sel, quand il est mouillé, altère aussi l'argent; on s'en aperçoit si, par un temps humide, on oublie une petite cuiller dans une salière.

Enfin, on sait bien qu'on ne remue pas la salade avec un couvert d'argent; c'est qu'en effet, l'argent, comme les autres métaux, serait très endommagé par le vinaigre. C'est pour cela qu'on se sert habituellement d'un couvert de bois.

4. Comment on marque le linge en noir. — On appelle acide nitrique un liquide très dangereux à manier, parce qu'il détériore presque tout ce qu'il touche. Si l'on jette un petit morceau d'argent dans ce liquide, l'argent fond, et il se forme alors un corps qui a la singulière propriété de noircir quand on l'expose à la lumière. On appelle ce corps, la *pierre infernale;* les médecins s'en servent souvent; mais on en fait surtout usage pour faire, sur le linge, une marque qui dure autant que le linge lui-même; il suffit pour cela de tracer sur le linge, avec la pierre infernale, légèrement mouillée, les lettres que l'on veut y mettre; au bout de quelques instants, les lettres deviennent noires et elles noircissent toujours de plus en plus, sans jamais s'effacer.

C'est quelque chose du même genre qui se passe dans la photographie; on y emploie aussi un corps qui renferme de l'argent et qui noircit sous l'action de la lumière.

(1) Telles sont les eaux d'Enghien, d'Uriage, de Pierrefonds, de Luchon, d'Ax, etc.

---

4. — Comment fait-on pour marquer le linge en noir? Qu'est-ce que la pierre infernale?

5. L'argent est flexible; il se raye facilement.
— Une lame d'argent, même assez épaisse, peut se plier très facilement ; l'argent est donc flexible, tellement flexible qu'on ne l'emploie jamais seul ; on le mêle avec un autre métal plus résistant, le cuivre, qui lui donne un peu plus de fermeté.

Ainsi, ce que tout le monde appelle de l'argent : des cuillers, des pièces de monnaie, des chaînes de montre, tout cela n'est pas de l'argent pur, c'est un *alliage* d'argent et de cuivre où il y a, il est vrai, beaucoup plus d'argent que de cuivre, environ 9 ou 10 fois plus.

Nous voyons aussi que l'argent n'est pas dur; nous faisons très facilement une raie sur cette pièce de monnaie en argent en frottant dessus un morceau de fer ou de cuivre, et les raies seraient encore bien plus marquées si la pièce était en argent pur.

6. Le cuivre argenté prend les bonnes qualités de l'argent.
— Ce n'est donc ni par sa solidité, ni par sa dureté que l'argent peut être utile ; on ne peut en faire ni un outil, ni aucun instrument d'un usage ordinaire ; ces instruments seraient immédiatement usés ou faussés ; on l'emploie uniquement parce qu'il n'est pas altérable à l'air. Ainsi, une montre d'argent n'est en argent qu'à l'extérieur ; tout le dedans est en cuivre, en acier, etc. Si les rouages de cette montre étaient aussi en argent, ils seraient très vite usés.

Mais alors, c'est donc seulement par la nature de sa surface, que l'argent est utile ; s'il y avait moyen de recouvrir un objet en cuivre d'une couche d'argent même très mince, on aurait réuni les avantages du cuivre et ceux de l'argent. L'objet de cuivre aurait conservé les bonnes qualités du

---

5. — Peut-on facilement déformer un objet en argent ?
L'argent est-il très dur ?

6. — Quel est le résultat que l'on obtient en argentant un objet de cuivre ?

cuivre et celles de l'argent, sans avoir les inconvénients de ces deux métaux. C'est ce précieux résultat qu'on obtient en argentant des objets en cuivre, les cuillers, les fourchettes.

7. Comment on fait pour argenter. — Quand on met de l'argent dans un certain liquide brillant, très lourd, qu'on appelle du mercure (voyez plus loin, § 28), cet argent se fond, et le mélange de mercure et d'argent devient pâteux ; il prend l'apparence et la consistance du beurre.

Si on étend sur un objet en cuivre une couche de cette espèce de beurre, et qu'on fasse chauffer cet objet, le mercure disparaît, l'argent reste seul sur le cuivre ; il s'y fixe solidement, l'objet est argenté.

C'était par ce moyen qu'on argentait toujours autrefois ; mais les ouvriers qui travaillaient dans des salles où il y avait du mercure fortement chauffé étaient sujets à de graves maladies ; l'air de ces salles devenait un véritable poison.

Aujourd'hui, on emploie d'autres moyens qui sont bien préférables, l'électricité, par exemple ; c'est par l'électricité que sont presque toujours argentées les cuillers, les fourchettes et tous les objets dits en *ruolz*.

On peut aussi argenter un objet en cuivre en le plongeant dans certains liquides qui renferment de l'argent ; cet argent se dépose alors sur l'objet en cuivre (fig. 3).

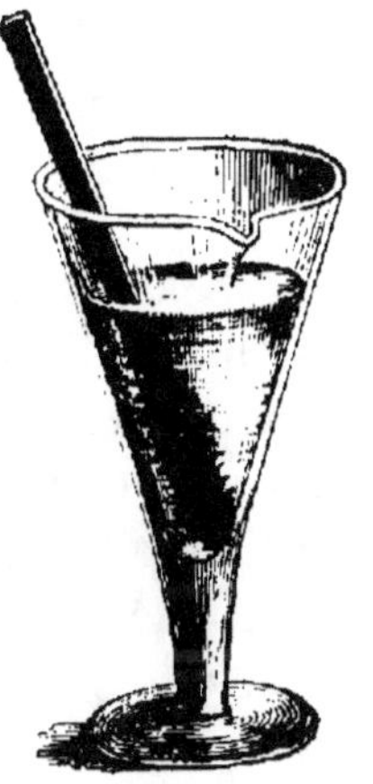

Fig. 3. — Une lame de cuivre, plongée dans un liquide renfermant de l'argent, se recouvre d'argent.

8. Pourquoi l'argent a une grande valeur. —

---

7. — Comment faisait-on pour argenter autrefois ? Par quel moyen argente-t-on aujourd'hui ? Qu'est-ce que du ruolz ?

8. — Quel est le plus fréquent usage de l'argent ?

Il y a encore une autre utilité à recouvrir d'argent les objets de cuivre : c'est que ces objets, ayant les mêmes avantages que s'ils étaient en argent, sont cependant beaucoup moins chers que s'ils étaient entièrement en ce métal.

L'argent a, en effet, une grande valeur, non pas à cause des services qu'il rend à l'industrie, car le fer et le cuivre sont bien plus utiles, mais parce qu'on s'en sert pour faire les monnaies et qu'on est alors convenu d'attribuer une valeur déterminée à un certain poids d'argent.

De plus, l'argent est un métal assez rare.

9. Mines d'argent. — Dans quelques pays, sur les bords du Lac Supérieur (en Amérique) par exemple, on trouve de l'argent pur ; on n'a alors qu'à le retirer du sol.

Mais généralement l'argent s'extrait d'un minerai dont il faut le séparer, et c'est quelquefois assez difficile.

Les principales mines d'argent sont dans le Pérou, dans le Mexique, dans le Chili. En Europe, il y en a aussi d'assez importantes, surtout en Saxe et en Norvège (1).

10. Comment on retire l'argent de son minerai. — On extrait l'argent de son minerai de plusieurs manières ; chaque pays emploie des méthodes différentes.

Voici comment on fait dans l'Amérique du Sud qui fournit une si grande quantité d'argent.

On étend le minerai d'argent sur un sol recouvert de dalles ; on l'écrase et on le mêle avec du sel, on jette de l'eau sur ce mélange, il se forme de la boue. On fait alors marcher des mules dans cette boue (fig. 4) ; pour cela, on

(1) La France en renferme quelques-unes, en Bretagne, en Auvergne, le long des Pyrénées ; mais ces mines sont sans importance et sont bien loin de fournir l'argent dont notre pays a besoin.

---

9. — Trouve-t-on quelquefois de l'argent pur dans le sol ?

A quel état le trouve-t-on ordinairement?

Où sont les principales mines d'argent?

10. — Comment fait-on dans l'Amérique du Sud pour retirer l'argent de son minerai ?

les attelle à un joug qui peut tourner autour d'un pilier. On ajoute successivement à la boue du minerai de cuivre et du mercure. Toutes ces substances se mêlent intimement, sous l'effet du piétinement des mules qui doit quelquefois se

Fig. 1. — Mules piétinant sur le minerai d'argent mêlé à du sel.

continuer pendant plusieurs mois. Au bout de ce temps, le mercure a agi sur l'argent ; les deux corps forment une matière qui a la consistance du beurre et est très lourd ; c'est ce corps qu'il faut séparer de la boue.

On le sépare d'une manière très simple ; il suffit en effet de jeter dans un courant d'eau, qui passe dans des cuves, tout ce qui se trouve sur le sol piétiné par les mules: la boue est entraînée par le courant ; le corps formé par le mercure et l'argent reste seul au fond des cuves où on peut le recueillir.

Il faut enfin séparer l'argent du mercure ; pour cela, on chauffe assez fortement cette espèce de pâte: le mercure disparaît sous l'action de la chaleur, en formant des vapeurs; et il ne reste plus alors que de l'argent.

II. — L'OR.

11. L'or ne s'altère pas à l'air. — On sait que l'or est un métal jaune brillant et très lourd. L'or a les mêmes qualités que l'argent; il n'est altéré ni par l'air, ni par l'humidité ; il conserve toujours sa belle couleur jaune; des pièces d'or, ayant passé un grand nombre de siècles sous le sol, ont été retrouvées en parfait état de conservation.

L'or est encore moins altérable que l'argent : ainsi, les eaux sulfureuses, les œufs ne le noircissent pas.

On fait en or les objets de même nature que ceux qu'on fait en argent : des boîtiers de montre, des chaînes, des bijoux, tels que bagues, etc. et surtout des monnaies.

De même que l'argent, l'or se raye et se déforme très facilement; on y ajoute du cuivre pour lui donner de la solidité.

Aucun instrument devant avoir une certaine résistance n'est en or ; il serait trop vite usé. Les monnaies, les bijoux, ne sont pas en or pur, mais en un alliage d'or et de cuivre.

12. L'or ne se fond pas dans l'acide nitrique. — Si l'on jette un morceau d'or dans de l'acide nitrique, il ne disparaît pas comme le fait l'argent; c'est même là un

---

11. — L'or est-il encore moins altérable que l'argent ?
L'or se déforme-t-il facilement? Se raye-t-il facilement?

12. — Qu'arrive-t-il si l'on met de l'or dans de l'acide nitrique? Cela peut-il avoir un certain usage? L'or ne peut-il se fondre dans aucun liquide?

moyen employé pour séparer l'or de l'argent quand ces deux métaux sont mêlés; on met le mélange dans l'acide nitrique, l'argent disparaît, l'or seul reste.

Il n'y a qu'un liquide qu'on appelle l'eau régale qui dissout l'or; si l'on jette dans ce liquide une feuille d'or, elle disparaît immédiatement.

13. L'or forme avec le mercure un alliage qui ressemble à du beurre. — Le mercure a, sur l'or, un effet tout à fait semblable à celui qu'il a sur l'argent; si une pièce d'or touche du mercure, cette pièce forme tout de suite avec le mercure une sorte de pâte jaunâtre. De même qu'on vient de le voir pour l'argent, si l'on chauffe cette pâte, on fait disparaître le mercure et l'on retrouve l'or.

14. Pourquoi l'or a une très grande valeur. — Cependant quelques peuples, les Péruviens, par exemple, qui ne connaissaient pas l'usage du fer, ont pendant longtemps fabriqué avec de l'or les ustensiles ordinaires : couteaux, charrues, etc. Dès qu'ils ont eu la connaissance du fer, ils en ont immédiatement apprécié la valeur qu'ils ont trouvée bien plus grande que celle de l'or.

C'est qu'en effet l'or a, comme l'argent, une valeur de convention qui dépasse beaucoup la valeur réelle des services qu'il nous rend dans l'industrie. C'est son usage pour les monnaies et sa rareté qui le rendent aussi précieux.

Sa valeur est beaucoup plus grande que celle de l'argent; il vaut environ 15 fois et demie plus (1).

(1) Tandis qu'un kilogramme d'argent vaut 222 francs, un kilogramme d'or vaut 3.434 francs.

---

13. — Quel est l'effet du mercure sur l'or? Qu'arrive-t-il si l'on chauffe le mélange d'or et de mercure?

14. — Quelle est la raison de la grande valeur de l'or?
Combien de fois vaut-il plus que l'argent?

15. On fait avec de l'or des lames très minces. —
On peut faire avec de l'or des lames beaucoup plus minces
que celles que l'on peut faire avec de l'argent. Ces feuilles
d'or peuvent être si minces que le moindre courant d'air
les enlève comme les plumes les plus légères, et qu'elles
ne retombent que très lentement. Et cependant, l'or est
très lourd; il pèse 19 fois plus que l'eau. Les feuilles d'or
sont transparentes, mais tout ce qu'on voit au travers prend
une teinte verte.

Cette grande minceur de l'or permet de l'employer sans
que cela coûte fort cher dans beaucoup de circonstances;
ainsi la dorure des tranches des livres, les titres de ces
livres, la couche d'or qu'on met sur les images, etc., est
assez mince pour que le prix de ces objets n'en soit pas
beaucoup augmenté.

16. Dorure. — Vermeil. — On recouvre d'or les différents métaux, le cuivre, le bronze, etc. ; leur surface devient de la sorte inaltérable et présente les mêmes avantages que si tout l'objet doré était réellement en or; cet objet
coûte ainsi beaucoup moins cher et est plus solide.

L'argent recouvert d'or a une grande valeur; on l'appelle
le *vermeil*.

17. Alliages d'or. Leur titre. Pierre de touche. —
L'or ne peut, nous l'avons vu, être employé seul, à cause
de sa faible résistance; c'est allié au cuivre, qu'on l'emploie presque toujours. Mais, en ajoutant à de l'or du cuivre

---

15. — Peut-on faire avec l'or des lames très minces ?
A quoi servent ces lames?

16. — Qu'est-ce que le vermeil?

17. — Qu'est-ce que le titre d'un alliage? Par quel moyen peut-on reconnaître le titre d'un alliage? Qu'est-ce qu'une pierre de touche? Qu'est-ce
que des touchaux ?

dont la valeur est beaucoup moindre, on comprend qu'on diminue la valeur de l'objet que l'on veut faire avec cet alliage. Il faut donc, pour connaître la valeur d'un certain alliage d'or et de cuivre, savoir quelle est la quantité d'or pur qu'il renferme : c'est cette quantité d'or pur qu'on appelle *titre* de l'alliage; on dit, par exemple, que tel alliage est au titre de neuf dixièmes s'il renferme neuf parties d'or et une partie de cuivre.

Mais comment fait-on pour reconnaître cette quantité d'or renfermée dans un alliage? On se sert d'une pierre noire très dure P (fig. 5), sur laquelle on frotte assez fortement

Fig. 5. — On frotte, en les tenant avec une pince, les bijoux B sur la pierre de touche P ; on fait la même chose avec les toucheaux T : on verse quelques gouttes d'acide A sur les traces ainsi formées, et l'on compare ces traces.

l'alliage d'or B. Cet alliage laisse sur la pierre une trace métallique ; on verse alors sur cette trace quelques gouttes d'acide nitrique renfermé dans le flacon A qui dissout le cuivre et laisse l'or. La trace laissée par l'or est, on le comprend, d'autant plus prononcée qu'il y a plus d'or sur la pierre et, par conséquent, dans l'alliage. Puis à côté, sur la même pierre, on frotte de la même manière des petites baguettes (T, fig. 5; la fig. 6 représente l'un d'eux) formées d'alliages d'or et de cuivre à des titres connus. En comparant les teintes des traces de ces baguettes et celles de l'alliage qu'on étudie, on reconnaît facilement le titre de cet alliage.

Fig. 6. — Touchau pour essayer les objets en or; O, alliage d'or et de cuivre
C, manche en cuivre.

La pierre dont on se sert s'appelle une *pierre de touche;* les baguettes d'alliages se nomment les *touchaux.*

18. Où l'on trouvait l'or autrefois. Comment on l'exploitait. — On trouve de l'or dans une foule d'endroits, mais généralement en très petite quantité. Beaucoup de cours d'eau en renferment de très petits fragments dans le sable qu'ils roulent : c'est ce qu'on appelle des paillettes d'or.

Autrefois, c'est seulement de ces sables qu'on retirait l'or. Voici à peu près comment on opérait : on faisait

---

d'abord passer les sables dans un courant d'eau assez
violent; les petites pierres formant le sable étaient en grande
parties entraînées et l'or, beaucoup plus lourd, l'était beaucoup moins; on arrivait ainsi à enrichir le sable en le dé-
barrassant des parties qui ne renfermaient certainement
pas d'or; on retirait alors le sable (fig. 7) renfermant l'or,
et on le jetait avec de l'eau sur une étoffe feutrée, une
sorte de drap qu'on étendait sur une planche inclinée. Le s
paillettes d'or, très petites et très lourdes, étaient retenue s

Fig. 7. — Les orpailleurs jettent le sable avec de l'eau sur une étoffe inclinée, très feutrée; cette étoffe retient les parcelles d'or qui sont très
lourdes; l'eau s'écoule en emportant le sable qui ne contient plus d'or.

dans le feutrage de l'étoffe et le sable, au contraire, glis-
sait sur l'étoffe. Quand l'ouvrier, nommé orpailleur, voyait
que l'étoffe était suffisamment chargée, il la secouait et la
brossait au-dessus d'un vase où l'on recueillait l'or.

19. D'où l'on tire l'or; comment on l'exploite.

— Aujourd'hui on n'exploite plus les cours d'eau de nos pays qui charrient dans leurs eaux des petites paillettes d'or, tels que le Rhin, l'Ariège, parce qu'on a trouvé des gisements beaucoup plus riches.

Fig. 8. — Cuves avec des boulets que l'on fait tourner et basculer pour écraser les morceaux de roches qui renferment de l'or.

C'est maintenant d'Australie, de Californie, du Brésil, du Pérou, etc., et aussi de Sibérie que nous arrive l'énorme quantité d'or nécessaire pour la fabrication des monnaies.

Dans ces différents pays, on trouve l'or mêlé aux sables, ou, au contraire, enfermé dans une roche blanche très dure dans laquelle il forme des quantités de petits grains jaunes qu'on nomme *pépites* quand ils sont un peu gros.

Quand l'or est dans la roche, il faut réduire les morceaux de roche en poussière. Pour cela, ces morceaux sont jetés dans des cuves (fig. 8), où arrive un courant d'eau; on fait tourner ces cuves sur elles-mêmes en leur donnant en

---

19. — Citez des cours d'eau d'Europe qui charrient des paillettes d'or. D'où tire-t-on l'or aujourd'hui?

Comment extrait-on l'or des roches dures dans lesquelles il se trouve?

Comment sépare-t-on l'or du sable?

même temps un mouvement de bascule ; dans ces cuves,
on met aussi de gros boulets de fonte et du mercure. Les
fragments de roche sont bientôt réduits en une poudre
qui s'échappe avec l'eau dans les mouvements de bascule
de la cuve.

L'or, qui est très lourd, reste au fond avec le mercure
auquel il s'allie. On retire ensuite l'alliage d'or et de mer-

Fig. 9. — Pour retirer l'or des sables qui en contiennent, on jette ces sables
dans de longues rigoles en bois où l'on fait passer un violent courant d'eau.

cure quand il s'en est formé une quantité suffisante ; on le
chauffe et l'on obtient l'or pur.

Quand on a seulement à séparer l'or du sable auquel il se
trouve mêlé, on jette simplement ce sable aurifère dans des
rigoles en bois très longues et inclinées, et on fait passer
dans les rigoles un violent courant d'eau (fig. 9). Le sable est
entraîné au loin ; l'or, à cause de son grand poids, reste
arrêté dans les rainures du bois, au fond des conduites et
on peut l'y recueillir.

III. — LES MONNAIES.

20. Utilité des monnaies. — Recevoir d'une personne des objets qui nous sont utiles et rendre à cette personne quelque chose à la place des objets qu'elle nous donne, c'est faire du commerce.

On a longtemps fait le commerce en échangeant les objets utiles les uns contre les autres. Celui qui avait trop de blé, par exemple, en donnait à celui qui n'en avait pas, et celui-ci lui rendait, à la place, des instruments de travail. On comprend combien de difficultés devaient présenter de pareils échanges, et combien il a été avantageux d'imaginer de se servir d'objets d'un petit volume qui aient une valeur déterminée, bien connue et toujours la même, en échange desquels on puisse se procurer ce dont on a besoin.

Celui qui veut du blé donne à celui qui en a, un certain nombre de ces objets, et celui qui a donné le blé peut, avec ces objets, se procurer, lorsqu'il veut, les instruments de travail dont il a besoin.

Dans quelques pays, on a attribué une certaine valeur à un poids déterminé d'or et d'argent ; plus l'objet que l'on veut se procurer a de valeur, plus grand est le poids que l'on donne ; mais il faut alors avoir toujours une balance à sa disposition.

---

20. — Qu'est-ce que faire du commerce ?
Qu'est-ce que les monnaies ?
En quoi les monnaies sont-elles utiles au commerce ?
Quels sont les métaux employés pour faire les monnaies ?

On a trouvé plus simple de fabriquer des objets d'or et d'argent ayant un poids déterminé.

Ces objets d'une valeur déterminée sont les *monnaies*.

Il y a un temps considérable que l'on emploie l'or et l'argent pour fabriquer des monnaies. Plus tard, pour les objets de moindre valeur, on a fait des monnaies en bronze.

Mais il faut être sûr de la valeur de ces monnaies; on pourrait, en dorant ou en argentant des métaux de peu de valeur, leur donner l'aspect des monnaies d'or et d'argent; ce serait de la fausse monnaie. C'est pour éviter cet inconvénient que l'État ne donne à personne le droit de fabriquer des monnaies.

21. Titre des monnaies. Leur poids. — Nous savons que les monnaies ne sont ni en or pur, ni en argent pur; il faut leur ajouter un peu de cuivre pour les rendre plus solides et les empêcher de s'user trop rapidement. La proportion d'argent ou d'or que renferme le métal avec lequel on fait une monnaie est le *titre* de la monnaie.

Les titres des différentes monnaies d'or et d'argent sont parfaitement déterminés; ces titres sont contrôlés avec le plus grand soin. En outre chaque monnaie doit toujours peser le même poids.

Ainsi deux pièces de monnaie de même valeur doivent toujours avoir le même titre et le même poids.

22. Comment on vérifie le titre d'une monnaie. — Il est très important de pouvoir s'assurer qu'une pièce de monnaie a bien le titre qu'elle doit avoir, et de pouvoir en général trouver qu'elle est la quantité d'argent pur ou d'or pur que renferme un objet composé d'argent et de cuivre. Voici l'un des moyens les plus simples; on met

---

21. — Qu'est-ce que le titre d'une monnaie?

22. — Comment vérifie-t-on le titre d'une monnaie? Quelles propriétés de l'argent, du cuivre et du plomb applique-t-on dans cette opération?

l'objet que l'on veut essayer dans un petit godet fait d'une substance très poreuse; on met à côté de cet objet un morceau de plomb, puis on met le petit godet, ainsi garni, dans un vase en terre cuite voûté M (fig. 10) muni latéra-

Fig. 10. — On place l'objet dont on veut reconnaître le titre dans une petite coupe dans laquelle on met aussi un petit morceau de plomb ; on enfonce la petite coupe ainsi chargée dans le moufle M.

lement de deux fentes F; c'est ce qu'on appelle un *moufle*; on enfonce ce moufle dans un fourneau (fig. 11) en enlevant

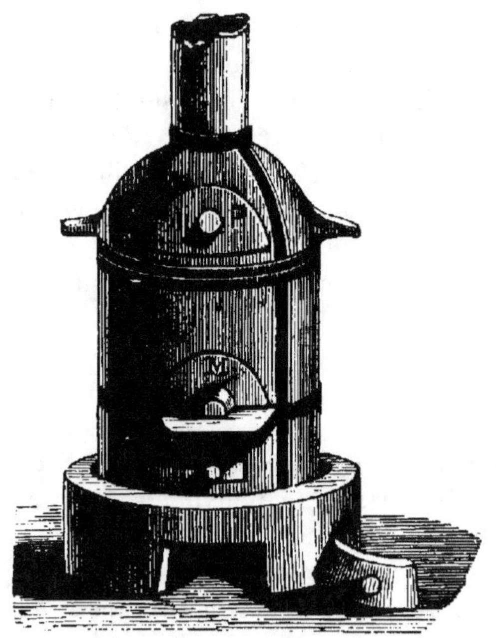

Fig. 11. — On enlève la porte M, et l'on introduit le moufle dans le fourneau que l'on chauffe très fortement.

la porte M. On chauffe fortement; les métaux, renfermés dans le godet, fondent, et le cuivre, renfermé dans l'objet ainsi que le plomb, pénètrent dans les parois du godet ; ces deux métaux disparaissent ; il ne reste plus que l'argent, qu'on laisse refroidir et qu'on pèse. On trouve ainsi le poids d'argent que l'objet renfermait.

23. Monnaies d'argent. — Voici les différentes monnaies d'argent françaises (fig. 12) :

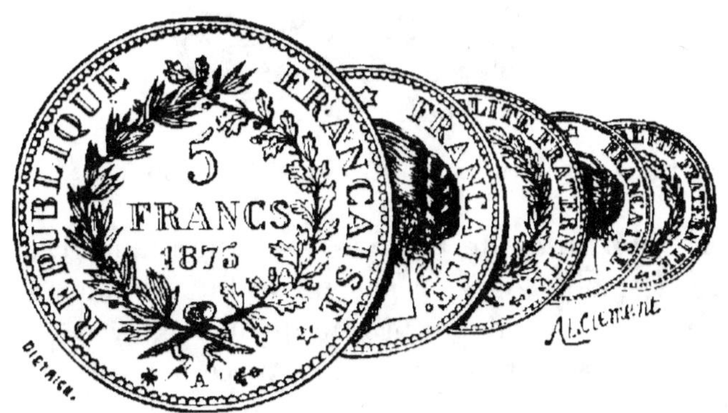

Fig. 12. — Monnaies d'argent : pièces de 5 francs, 2 francs, 1 franc, 50 centimes, 20 centimes.

La pièce de 5 francs pesant 25 grammes.
— 2 — — 10 —
— 1 — — 5 —
— 0 fr. 50 c. — 1,25 —
— 0 fr. 20 c. — 1 —

24. Monnaies d'or. — Les monnaies d'or employées en France (fig. 13) sont :
La pièce de 20 francs ;
La pièce de 10 francs ;

---

23. — Quelles sont les différentes monnaies d'argent ?
Combien pèse chacune de ces monnaies ?

24. — Quelles sont les différentes monnaies d'or ?

La pièce de 5 francs.

On a adopté pour l'or une valeur quinze fois et demie plus grande que celle de l'argent.

Chacune de ces pièces pèse donc quinze fois et demie moins que si elle était en argent.

Fig. 13. — Monnaies d'or : pièces de 20 francs, 10 francs, 5 francs.

25. Monnaies de bronze. — Pour rendre la monnaie de bronze moins lourde à porter, on lui a donné une valeur plus grande que celle du bronze lui-même, c'est-à-dire que tandis qu'on admet que dans une pièce de 5 francs en argent, il y a 5 francs d'argent et que dans une pièce d'or de 5 francs, il y a 5 francs d'or, dans la pièce de 10 centimes il y a moins de 10 centimes de bronze.

Les monnaies de bronze (fig. 14) sont :

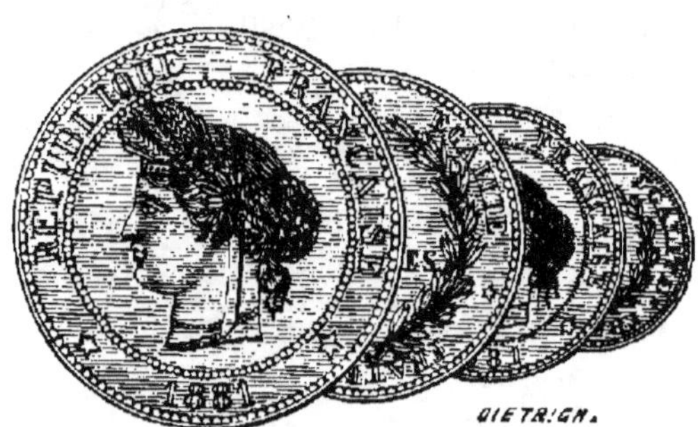

Fig. 14. — Monnaies de bronze : pièces de 10 centimes, 5 centimes, 2 centimes, 1 centime.

---

25. — Dans une pièce de 10 centimes, y a-t-il la valeur de 10 centimes de bronze ?

Quelles sont les différentes monnaies de bronze?

La pièce de 10 centimes qui pèse 10 grammes.

—	5	—	—	5	—
—	2	—	—	2	—
--	1	—	—	1	—

26. Comment on fabrique les monnaies; flans.

— Les métaux, alliés dans la proportion voulue, sont coulés dans des vases nommés lingotières (fig. 15) où les alliages prennent la forme de lames épaisses.

Fig. 15. — On coule le métal qui doit former les monnaies dans les cases *t* placées entre les plaques de fonte *c c.*

Ces lingotières sont formées de plaques de fonte (*c'*, fig. 16) et *c, c,* fig. 15), et c'est dans des cases, formées par ces plaques de fonte que se répand le métal fondu, en *t* (fig. 15). Les lames, ainsi faites, qui sont plus épaisses que les monnaies qu'elles doivent former, sont amincies par leur passage dans un laminoir, c'est-à-dire entre deux cylindres de fonte très

26. — Quelle forme donne-t-on d'abord aux métaux avant d'en faire des monnaies ?
Qu'est-ce qu'un flan ?
Comment le fabrique-t-on ?

rapprochés et tournant en sens inverse l'un de l'autre (voyez livret 4, fig. 20).

On fait ensuite glisser les lames L (*fig.* 17) entre deux

Fig. 16. — Une des plaques de fonte qui séparent les cases de la lingotière.

masses de fonte CC'; ces masses sont percées d'un creux au milieu et dans ce creux peut tomber avec une grande force une tige T en acier. La tige d'acier rencontre la lame L, la traverse, en arrachant un disque F, nommé *flan*, qui tombe (fig. 18).

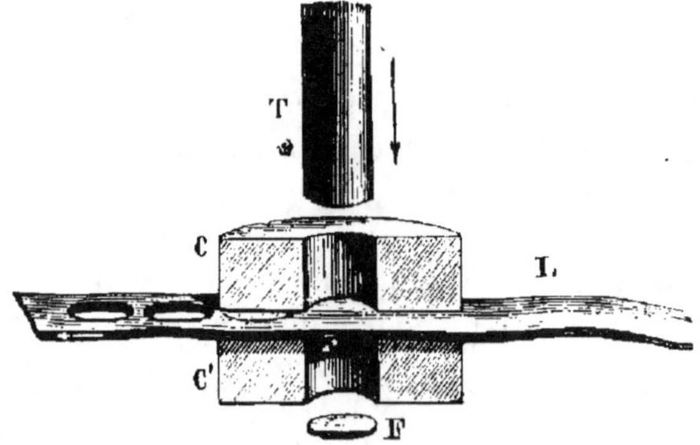

Fig. 17. — Machine pour découper les flans. La tige d'acier T tombe avec une grande force sur la lame L retenue entre les masses C, C' et y découpe un flan F.

27. Comment on frappe les flans pour faire les monnaies.

— C'est avec ces flans, dont l'un est représenté figure 18, qu'on va faire une pièce de monnaie.

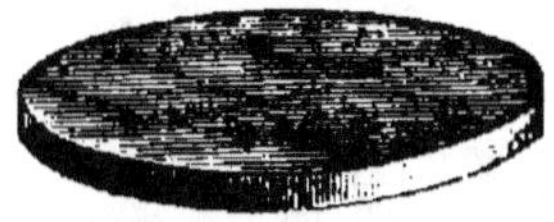

Fig. 18. — Flan qu'il ne reste plus qu'à frapper
pour faire une monnaie.

Pour cela, on se sert de la presse à frapper (fig. 19). Les flans sont mis dans une boîte A. Un ouvrier en fait une pile régulière qu'il laisse tomber dans un tube B; on met la machine en mouvement, et l'on voit une grosse masse d'acier (au milieu de la figure) qui s'élève et s'abaisse régulièrement. Sous cette masse d'acier est le moule en creux de la pièce que l'on veut faire. La machine est disposée de telle manière que les pièces jetées dans le tube B, viennent l'une après l'autre tomber sous la masse d'acier.

Chaque pièce, au moment où elle va recevoir le choc, repose sur une autre masse d'acier qui porte le moule en creux de l'autre côté de la pièce. De cette façon, quand la masse d'acier vient tomber sur le flan, celui-ci prend, sur les deux faces à la fois, les reliefs que doivent avoir les deux faces de la pièce.

Quand les pièces ont été ainsi frappées, elles viennent les unes après les autres tomber en C (fig. 19), où on les recueille dans un vase D.

Quand toutes les pièces, mises par l'ouvrier dans le tube B, ont été frappées, la machine s'arrête d'elle-même;

____

27. — Comment est faite la presse à frapper les monnaies?
Comment frappe-t-on les flans pour en faire des monnaies?

l'ouvrier est ainsi prévenu qu'il faut de nouveau mettre dans le tube B une nouvelle pile de flans, et ainsi de suite.

Fig. 19. — Presse à frapper les monnaies. — Les flans pris en A par l'ouvrier, sont jetés en pile dans le tube B; ils ressortent en C à l'état de pièces de monnaie.

IV. LE MERCURE

28. Ce que c'est que le mercure. — Le mercure dont nous venons de nous servir pour l'extraction de l'or et de l'argent est un liquide blanc comme l'argent, très lourd, très froid au toucher; le mercure ne mouille pas ce qu'il touche; si on en laisse tomber quelques gouttes sur une table, on voit ces gouttes former de petites boules qui roulent sur la table (fig. 20); on l'appelle souvent *vif-ar-*

Fig. 20. — Le mercure est un métal liquide qu'on peut verser comme de l'eau. Quand il tombe, il forme des petites gouttes rondes qui ne mouillent pas.

---

28. — Quel est l'aspect du mercure? Qu'est-ce que des amalgames? Le mercure se détériore-t-il sous l'effet de l'air? Le mercure est-il un poison?

gent à cause de sa belle couleur blanche et de la facilité avec laquelle il se déplace.

Le mercure se mêle très facilement à plusieurs métaux en formant des masses plus ou moins pâteuses, c'est ce qu'on appelle des *amalgames*.

L'air et l'humidité n'ont pas sur le mercure beaucoup plus d'action que sur l'or et sur l'argent; il ne subit, sous leur effet, rien de comparable à la rouille du fer.

C'est un poison très violent; les personnes qui le manient habituellement, en respirant les vapeurs de mercure, sont sujettes aux maladies les plus graves.

29. D'où on extrait le mercure. — Le mercure est renfermé dans un minerai solide dont il faut l'extraire; on ne le trouve jamais liquide dans le sol. La seule particularité du mercure, c'est qu'au lieu d'être un métal solide à la température ordinaire comme les métaux usuels, il est liquide.

C'est dans l'Amérique du Sud, en Autriche, et surtout en Espagne que se trouvent les mines de mercure les plus importantes.

Le mercure se retire très facilement de son minerai; il suffit, en effet, de chauffer ce minerai avec du charbon dans un courant d'air, et l'on obtient des vapeurs de mercure qui donnent, en se refroidissant, le mercure liquide tel que nous le voyons ordinairement.

30. Ce que l'on fait avec le mercure. — Le mercure est très employé pour faire des thermomètres et des baromètres; il est aussi très employé pour l'étamage des glaces.

Pour faire un miroir, on étend une couche mince de

---

29. — Comment trouve-t-on le mercure dans la nature? Dans quels pays en trouve-t-on? Quel action faut-il faire subir au minerai de mercure, pour en retirer ce métal?

30. — A quoi le mercure est-il employé? Comment fait-on un miroir?

mercure sur une feuille d'étain, et on applique une lame de verre sur cette couche de mercure ; on presse fortement cette lame de verre, de manière à la faire appliquer bien exactement sur l'amalgame d'étain que forme en-dessous le mercure. Bientôt, cet amalgame, d'abord liquide, se solidifie et se fixe très solidement sur le verre. C'est sur cette couche d'amalgame que se forment les images que nous voyons dans les glaces ; le verre de la glace ne sert qu'à porter cet amalgame et à le garantir de ce qui pourrait le ternir.

Le mercure est aussi employé dans la fabrication des couleurs, il forme particulièrement une magnifique couleur rouge.

31. Comment on transporte le mercure. — Le transport du mercure n'est pas très facile. Son poids est si grand qu'on ne peut pas le faire voyager en grandes masses ; il faut employer des vases très solides ; le bois ne suffirait pas, le verre se casserait, des bouteilles de grès ne résisteraient guère ; il fallait pouvoir employer des métaux ; mais la plupart des métaux se fondent dans le mercure en formant des amalgames. Il y a, toutefois, un métal sur lequel le mercure n'a aucun effet, c'est le fer ; aussi est-ce du fer qu'on se sert pour transporter le mercure ; on fait donc en fer des bouteilles très solides, et c'est dans ces bouteilles qu'on met le mercure quand on vient de l'extraire de son minerai.

---

31. — Dans quoi met-on le mercure pour le transporter ? Pourquoi opère-t-on ainsi ?

RÉSUMÉ

I. — L'Argent.

1, 2, 3. — Qualités de l'argent. — L'argent est un métal blanc qui n'est pas altéré par l'air, même humide, ni par la plupart des corps qui détériorent les autres métaux ; cependant les œufs, la moutarde, le sel et quelques autres corps le noircissent. L'argent s'échauffe très facilement.

4. Pierre infernale. — La pierre infernale renferme de l'argent ; on s'en sert pour marquer le linge en noir. On l'emploie aussi en médecine.

5, 6. — Cuivre recouvert d'argent. — L'argent pur peut se tordre très facilement ; il est aussi très facilement rayé : pour augmenter la résistance de l'argent on le mêle avec du cuivre. On peut aussi donner au cuivre les bonnes qualités de l'argent en recouvrant le cuivre d'une mince couche d'argent.

7. Objets argentés. — On peut argenter un objet en le recouvrant d'un mélange de mercure et d'argent, qui a la consistance du beurre ; en faisant chauffer ensuite cet objet, le mercure disparaît et l'argent reste seul.

On argente beaucoup maintenant par l'électricité.

8. — Valeur de l'argent. — La grande valeur de l'argent tient surtout à ce qu'on en fait des monnaies auxquelles on attribue une valeur déterminée.

9, 10. — Extraction de l'argent. — Quelquefois on trouve dans le sol de l'argent pur, mais presque toujours l'argent est retiré d'un minerai dont il faut l'extraire.

Dans l'Amérique du Sud l'extraction de l'argent se fait en écrasant le minerai et en le mêlant avec de l'eau, du sel, du mercure et du minerai de cuivre. On jette le tout dans un courant d'eau ; l'argent mêlé au mercure forme un corps très lourd qui n'est pas entraîné par l'eau.

Pour séparer l'argent du mercure, il suffit de chauffer le mélange ; l'argent reste seul.

II. — L'Or.

11, 12, 13. — Qualités de l'or. — L'or est un métal jaune, encore moins altérable que l'argent ; il sert aux mêmes usages que l'argent.

On ne se sert jamais de l'or pur parce que ce métal ne serait pas assez résistant ; on l'emploie toujours mêlé au cuivre.

L'acide nitrique qui dissout l'argent n'a pas d'effet sur l'or ; il y a toutefois un liquide, l'eau régale, qui dissout l'or.

Le mercure a sur l'or le même effet que sur l'argent.

14. — Valeur de l'or. — La grande valeur que l'on attribue à l'or vient de son emploi pour les monnaies et de sa rareté.

15, 16. — Utilité de l'or. — On fait avec l'or des lames extrêmement minces qui sont très utilement employées pour la dorure.

On augmente beaucoup la valeur de différents métaux en les recouvrant d'une couche mince d'or. L'argent recouvert d'or, nommé vermeil, est tout particulièrement apprécié.

17. Titre d'un alliage. — On n'emploie jamais l'or pur. Le titre d'un alliage d'or indique la quantité d'or que cet alliage contient. On essaie un alliage d'or en frottant cet alliage sur une pierre de touche et en comparant la trace qu'il laisse sur cette pierre avec celles que laissent les touchaux.

18. Extraction de l'or du sable des rivières. — Le sable de beaucoup de rivières renferme des paillettes d'or. On retirait autrefois cet or en jetant les sables sur des étoffes feutrées qui retenaient les paillettes à cause de leur poids.

19. — Extraction de l'or. — L'or se trouve enfermé dans des roches très dures que l'on pulvérise ; on jette la poussière de ces roches dans des cuves contenant du mercure et de l'eau; l'eau entraîne les débris de roche, tandis que l'or, mêlé au mercure, forme un corps très lourd qui reste au fond; en chauffant ce corps, on obtient l'or pur. Quand l'or se trouve simplement mêlé à des sables, on jette ces sables dans un courant d'eau; l'or plus lourd se sépare.

III. — Les Monnaies.

20. Utilité des monnaies. — Les *monnaies* sont des pièces en métal d'une valeur déterminée qui servent à faciliter l'échange des objets.

L'État seul peut fabriquer des monnaies.

21. Titre et poids des monnaies. — Les monnaies sont toutes des alliages. Une monnaie de la même valeur doit toujours avoir le même poids et le même *titre*. Le titre, c'est la proportion d'argent ou d'or que renferme la pièce. Pour les monnaies de bronze c'est la proportion de l'alliage.

22. Vérification du titre d'une monnaie. — Pour vérifier le titre d'une monnaie, on met cette monnaie dans une petite coupe poreuse, et on place à côté un petit morceau de plomb. On met cette petite coupe dans un moufle que l'on place dans un fourneau. Le plomb et le cuivre disparaissent dans la petite coupe; l'or ou l'argent restent seuls; on n'a plus qu'à les peser.

23, 24, 25. Monnaies d'or, d'argent, de bronze. — Les monnaies d'or les plus employées sont les pièces de 20 fr., 10 fr. et 5 fr. Les monnaies d'argent sont les pièces de 5 fr., 2 fr., 1 fr., 50 c. et 20 c. Les monnaies de bronze sont les pièces de 10 c., 5 c., 2 c., 1 c.

26, 27. Fabrication des monnaies. — Pour fabriquer une monnaie, on coule l'alliage dans des cases en fonte. On forme ainsi des lames épaisses qui sont passées au laminoir et transformées en lames ayant l'épaisseur des monnaies. Dans ces lames, une machine découpe de petits disques appelés *flans*, qui ont les dimensions des pièces de monnaie. On frappe ces flans avec la presse à frapper et on a ainsi les pièces de monnaie.

IV.—Le Mercure.

28. Mercure. — Le mercure est un métal liquide, blanc, très lourd, très froid au toucher. Il forme des amalgames avec beaucoup de métaux. Il ne se détériore presque pas à l'air. C'est un poison énergique.

29. Minerai de mercure. — Le minerai de mercure est solide ; en en extrait facilement le mercure en le chauffant avec du charbon dans un courant d'air.

30, 31. Usages du mercure. — On se sert du mercure pour construire des thermomètres et des baromètres. On en fait des miroirs en appliquant derrière une glace un amalgame d'étain. Le mercure sert encore à faire de très belles couleurs.

Le mercure ne forme pas d'amalgame avec le fer ; c'est pour cela qu'on peut transporter le mercure dans des bouteilles en fer.

DEVOIRS A FAIRE

N° **1.** — Dire quelles sont les propriétés de l'argent (§§ **1, 2, 3**).

N° **2.** — Usages de l'argent (§§ **1, 2, 4, 8**).

N° **3.** — Décrire les opérations nécessaires pour argenter un objet (§§ **5, 6, 7**).

N° **4.** — Décrire les procédés employés pour extraire l'argent de son minerai (§§ **9, 10**).

N° **5.** — Propriétés de l'or (§§ **11, 12, 13, 14**).

N° **6.** — Usages de l'or (§§ **15, 16**).

N° **7.** — Indiquer comment on vérifie le titre d'un alliage, d'une monnaie (§§ **17, 21, 22**).

N° **8.** — Décrire les procédés employés pour l'extraction de l'or (§§ **18, 19**).

N° **9.** — Indiquer et décrire les monnaies d'or et d'argent et de bronze (§§ **20, 21, 23, 24, 25**).

N° **10.** — Décrire la fabrication des monnaies (§§ **26, 27**).

N° **11.** — Propriétés du mercure. — Son extraction (§§ **28, 29, 31**).

N° **12.** — Usages du mercure (§ **30**).

Paris. — Soc. d'imp. PAUL DUPONT, 41, rue J.-J.-Rousseau. 288.1.83.